2. Lesestufe

Cornelia Neudert

Tierfreundegeschichten

Mit Bildern von Mathias Weber

Ravensburger Buchverlag

Bibliografische Information Der Deutschen Bibliothek:

Die Deutsche Bibliothek verzeichnet diese Publikation
in der Deutschen Nationalbibliografie.
Detaillierte bibliografische Daten sind im Internet
über **http://dnb.ddb.de** abrufbar.

1 2 3   08 07 06

Ravensburger Leserabe
© 2006 Ravensburger Buchverlag Otto Maier GmbH
Umschlagbild: Mathias Weber
Umschlagkonzeption: Sabine Reddig
Redaktion: Marion Diwyak
Printed in Germany
ISBN 10: 3-473-36185-2
ISBN 13: 978-3-473-36185-4

www.ravensburger.de
www.leserabe.de

Inhalt

	Der allerliebste Lieblingshund	4
	Das Monster im Aquarium	14
	Der kleine Kletterkater	26
	Der Piratenpapagei	36
	Leserätsel	41

Der allerliebste Lieblingshund

Eigentlich ist Ben kein toller Hund.
Er ist schon uralt.
Er kann nicht die Pfote geben,
er kann nicht Männchen machen
und zum Stöckeholen ist er zu faul.
Außerdem stinkt er oft furchtbar.

Ben hat früher Oma gehört.
Aber seit sie im Altersheim lebt,
wohnt er bei Leonie
und ihren Eltern.
Zuerst hat Leonie
ihn nicht gemocht.
„Stinkehund",
hat sie immer zu ihm gesagt.
Aber das sagt sie jetzt nicht mehr.
Ben ist nämlich ihr allerliebster
Lieblingshund geworden.

Und das kam so:
Leonie probierte gerade
ihren neuen Roller aus.
Ben lag vor der Garage
in der Sonne und rührte sich nicht.

Da kam Sascha.
Sascha aus der vierten Klasse,
der immer alles bestimmen will.
„He, hallo Leonie", sagte er.
„Lass mich doch mal fahren!"
Leonie zögerte.
„Der Roller ist aber ganz neu",
erwiderte sie.
„Nur kurz", bettelte Sascha.
„Ich fahr auch ganz vorsichtig!"

Leonie gab nach.
Zuerst fuhr Sascha
wirklich vorsichtig.
Aber dann rollte er immer schneller
und bremste, dass es quietschte.
Mein armer Roller!, dachte Leonie.
Dann fing Sascha an,
über die Bordsteinkante zu hopsen,
rauf und runter.

Der Roller krachte.
Leonie sagte:
„Ich will jetzt selbst wieder fahren!"
Aber Sascha schüttelte den Kopf.
„Nein, ich darf noch!
So war es vereinbart!"
„Gar nichts war vereinbart!",
schrie Leonie wütend.
„Ich will meinen Roller zurück!
Du machst ihn kaputt!"

Sie packte den Roller am Griff
und hielt ihn fest.
Aber Sascha zerrte daran
und er war stärker als Leonie.
Leonie spürte, wie ihr langsam
der Griff aus der Hand rutschte.

Da geschah es.
Ben, der die ganze Zeit über
bewegungslos dagelegen hatte,
sprang plötzlich auf.
Mit einem Sprung
stand er auf der Straße,
direkt vor Sascha.

Er hob seine schwarze Schnauze,
dass sie fast
an Saschas Nase stieß.
Sascha ließ Leonies Roller los
und stolperte rückwärts.
„I-i-ist das dein Hund?",
stotterte er.
Leonie legte Ben
eine Hand auf den Rücken.
Mit der anderen
hielt sie ihren Roller fest.

Stolz sagte sie:
„Ja, das ist mein Hund!
Und nimm dich bloß
vor ihm in Acht!
Er frisst am liebsten Roller-Klauer!"
Seit diesem Tag
sind Leonie und Ben Freunde.
Und wenn Ben wieder einmal
besonders schlimm stinkt,
setzt Leonie ihn in die Wanne
und wäscht ihn mit Hunde-
Shampoo.

Das Monster im Aquarium

Tim hätte gern
ein aufregendes Tier gehabt.
Einen Löwen oder eine
Vogelspinne
oder eine Schlange
oder wenigstens eine Ratte.
Aber er hat nur
ein langweiliges Aquarium
mit langweiligen Fischen drin.

Fische sind doof, denkt Tim.
Man kann sie nicht streicheln
und große Schwestern
ekeln sich nicht vor ihnen.
Er starrt durch das Glas
in sein Aquarium hinein.
Die Wasserpflanzen wiegen sich,
die Wasserschnecken gleiten
langsam über die Scheibe
und die Fische schwimmen
von hier nach da.

Nur ein Fisch
bleibt immer an derselben Stelle
und sieht zu Tim heraus.
Dabei bewegt er seinen Mund.
Auf und zu.
„Ob er mir was sagen will?",
murmelt Tim.
Er neigt das Ohr nah
an das Aquarium heran
und schließt die Augen.

Aber er hört nichts.
Da gluckst plötzlich eine Stimme
direkt neben seinem Ohr:
„Na endlich!"
Erstaunt reißt Tim
die Augen wieder auf
und merkt, dass er im Wasser –
nein, **unter** Wasser schwimmt!
Neben ihm schwimmt der Fisch.
Er ist plötzlich fast so groß wie Tim.

„Komm!", gluckert der Fisch.
„Du musst uns helfen,
das Monster zu verjagen!"
„Was denn für ein Monster?",
fragt Tim.
Beim Sprechen
perlen Luftblasen
aus seinem Mund.
Aber der Fisch
hat seine Frage nicht gehört,
denn er ist schon
ein paar Schwanzschläge voraus.

Tim zögert.
Soll er dem Fisch folgen?
Ein Abenteuer wird es bestimmt!
Also schwimmt er hinterher.
Er taucht mit dem Fisch
in die grüne Tiefe
des Aquariums hinab.

Algen schwanken
zwischen den Steinen.
Die Schnecken
drehen ihre Stielaugen
und glotzen Tim an.
Wie unheimlich!, denkt er
und schwimmt schneller.

Schließlich hält der Fisch an.
„Dort sitzt das Monster!",
gluckst er leise
und zeigt mit der Flosse nach vorne.
„Eines Tages war es plötzlich da
und wir wissen nicht,
wie wir es wieder loswerden sollen!"

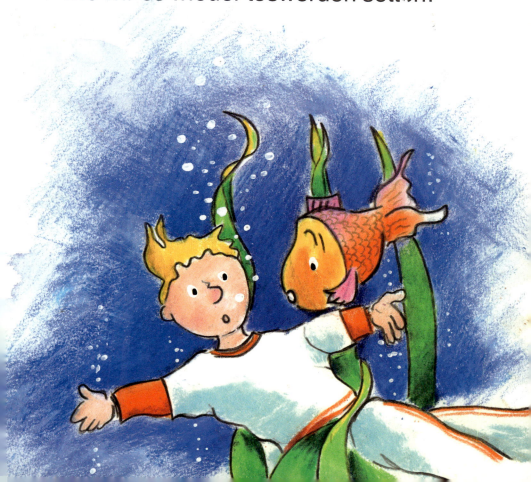

Tim schluckt.
Da hockt etwas.
Etwas Schwarzes.
Etwas mit vielen Beinen.
Das Monster!!
Tim spürt,
wie sich seine Haare sträuben.

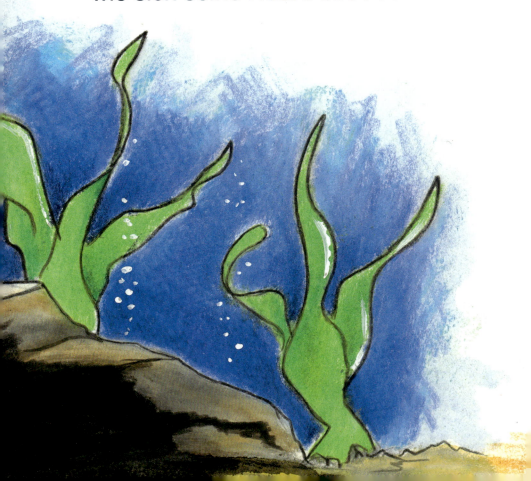

Aber plötzlich erkennt er,
was es ist.
Und er lacht.
Er lacht so,
dass ihm die Luftblasen
aus seinem Mund
in die Nase blubbern
und er niesen muss.

Nach dem Niesen
schwimmt er nicht mehr
im Aquarium.
Er steht wieder draußen.
Und er ist auch wieder
so groß wie vorher.
Sofort krempelt Tim den Ärmel hoch
und greift ins Aquarium hinein.
Als er den Arm wieder herauszieht,
hat er eine Spinne in der Hand.

Es ist eine kleine Plastikspinne,
mit der Tim schon oft
seine Schwester erschreckt hat.
Er vermisst sie
seit ein paar Wochen.
Jetzt weiß er,
wo sie gewesen ist
und wer sich in der Zwischenzeit
vor ihr gefürchtet hat.
Tim beugt sich vor
und sucht im Wasser
nach dem Fisch.
Da schwimmt er
und winkt zum Dank mit der Flosse.

Der kleine Kletterkater

Peter war noch ganz klein,
als Jana ihn zum ersten Mal sah.
Er lag bei seiner Katzenmama
und hatte die Augen fest zu.
Erst ein paar Wochen später,
als Peter seine Mama
nicht mehr brauchte,
durfte Jana ihn mitnehmen.

Jetzt sind seine Augen weit offen.
Er tappt neugierig im Zimmer umher
und beschnuppert die Tischbeine
und seinen neuen Katzenkorb.
Peter muss lernen,
ins Katzenklo zu pieseln.
Er muss lernen,
wann und wo es
etwas zu Essen gibt.
Und eigentlich soll er auch lernen,
dass er nicht auf den Tisch darf.
Aber das begreift er noch nicht
ganz.

Als er sich im Haus
eingewöhnt hat,
trägt Jana ihn
in den Garten hinaus.
Peter hebt die Pfoten
und stakst durch das kitzlige Gras.
Er erkundet die Gemüsebeete
und klettert in den Fliederbusch.
Dann erspäht er plötzlich
das Eichhörnchen.
Es sitzt auf der Schubkarre.
Als es Jana und Peter sieht,
hopst es zur Birke
und klettert wie der Blitz
den Stamm hinauf.
Peter starrt ihm nach,
dann flitzt er hinterher.

„Halt! Nicht!",
schreit Jana erschrocken,
aber der kleine Kater
ist nicht aufzuhalten.
Schon hängt er fünf Meter
über dem Boden, dann zehn.
Nur hat das Eichhörnchen
keine Lust,
mit ihm Fangen zu spielen.
Es springt auf die Fichte,
die neben der Birke steht,
und weiter in die Hecke und ist weg.
Peter aber sitzt oben in der Birke.
Und plötzlich merkt er,
dass runterklettern
nicht so einfach ist
wie raufklettern.

Mit dem Kopf voraus schlittert er
ein Stück den Stamm hinunter
und kann sich gerade noch
an einem Ast festhalten.
Irgendetwas macht er falsch.
Nur was?
„Du musst dich umdrehen!",
ruft Jana ihm zu.
„Du musst rückwärts runterklettern,
nicht vorwärts!"

Aber Peter versteht Jana nicht.
Er klammert sich an den Ast
und miaut kläglich.
Jana ruft und lockt.
Aber es hilft nichts.
Peter rührt sich nicht mehr
von der Stelle.
Also packt Jana den untersten Ast
und fängt selbst an,
die Birke hinaufzuklettern.
Die Zweige biegen sich.
Der Baum schwankt.
Jana schwitzt.

Endlich erreicht sie den Ast,
auf dem Peter sitzt.
„Miau!", macht er
und zittert am ganzen Körper.
„Ist ja gut", murmelt Jana.
Auch ihre Stimme zittert.
Sie hebt das Katerchen hoch
und steckt es unter ihre Jacke.

Der Rückweg ist noch schlimmer,
denn zwischen ihren Füßen
sieht Jana,
wie weit der Erdboden entfernt ist.
Endlich hat sie es geschafft.
Aufatmend holt sie Peter
unter ihrer Jacke hervor.
Streng sagt sie:
„Das machst du nie wieder,
verstanden?"
Es dauerte vier Tage
bis Peter wieder
auf die Birke klettert.
Allerdings muss Jana
ihm nun nicht mehr helfen,
denn er hat in der Zwischenzeit
das Runterklettern gelernt.

Der Piratenpapagei

Sindbad ist Martins Papagei.
Er ist grün und kann sprechen.
Natürlich kann er
seinen Namen sagen: „Sindbad."
Und will er ein Bonbon haben,
sagt er: „Will eins! Will eins!"
Aber ab und zu kreischt er auch:
„Klar zum Entern!"

Deshalb glaubt Martin,
dass Sindbad früher
der Papagei eines Piraten war
und bei den wilden Seefahrten
diesen Satz gelernt hat.
Sindbad mag es nicht,
wenn man ihn am Schwanz berührt.
Wenn Martin ihn ärgern will,
tut er genau das.
Aber dann muss er schnell
die Finger wegziehen,
denn Sindbad hat
einen sehr scharfen Schnabel.

„Mit dem hat Sindbad den Piraten
die Löcher für ihre Ohrringe
in die Ohren gebissen",
sagt Martin.
Sindbad nickt und schreit:
„Klar zum Entern!"
Am liebsten mag es Sindbad,
wenn Martin ihn am Kopf krault.
Dann sträubt er die Federn
und macht die Augen zu.
„So gut hast du es bei den Piraten
sicher nicht gehabt",
sagt Martin zu ihm.
„Sindbad!", antwortet Sindbad.

Cornelia Neudert stammt aus Eichstätt in Bayern. Sie hat Germanistik, Anglistik und Kunstgeschichte in München studiert. 1997 machte sie eine Hospitanz beim Kinderfunk des Bayerischen Rundfunks, seitdem arbeitet sie für den BR. Im Leseraben sind bereits „Freundschaftsgeschichten" und „Ponygeschichten" von ihr erschienen.

Mathias Weber wurde 1967 in Esslingen am Neckar geboren. Nach dem Grafikdesign-Studium an der Fachhochschule in Mannheim arbeitete er zunächst für Werbeagenturen, bevor er sich auf die Illustration von Kinderbüchern verlegte. Mit seiner Frau und seiner Tochter lebt er heute in der Nähe von Heidelberg.

Leserätsel
mit dem Leseraben

Super, du hast das ganze Buch geschafft!
Hast du die Geschichten ganz genau gelesen?
Der Leserabe hat sich ein paar spannende
Rätsel für echte Lese-Detektive ausgedacht.
Mal sehen, ob du die Fragen beantworten
kannst. Wenn nicht, lies einfach noch mal
auf den Seiten nach. Wenn du die richtigen
Antwortbuchstaben in die Kästchen auf Seite 42
eingesetzt hast, bekommst du das Lösungswort.

Fragen zu den Geschichten

1. Warum ist Ben scheinbar kein toller Hund?
   (Seite 4)
   - P : Weil er nicht Männchen machen kann und furchtbar stinkt.
   - O : Weil er bissig ist und Leonie immer anknurrt.

2. Warum lässt Sascha Leonies Roller los?
   (Seite 12)
   - G : Weil er ihn nicht mehr haben will.
   - A : Weil Sascha vor Ben Angst hat.

3. Wovor fürchten sich Tims Fische? (Seite 25)
   Z: Vor einer Krake aus Gummi.
   P: Vor einer Plastikspinne.

4. Wie rettet Jana ihren Kater Peter vom Baum? (Seite 33)
   A: Sie klettert selbst hinauf um ihn zu holen.
   C: Sie ruft die Feuerwehr.

5. Warum glaubt Martin, dass Sindbad früher einem Piraten gehört hat? (Seite 36/37)
   R: Weil Sindbad eine schwarze Augenklappe hat.
   E: Weil Sindbad manchmal „Klar zum Entern!" ruft.

6. Was mag Sindbad am liebsten? (Seite 38)
   I: Wenn Martin ihn am Kopf krault.
   M: Wenn er Martin ins Ohr beißen kann.

Lösungswort:

P	A	P	A	G	E	J
1	2	3	4	5	6	

Rabenpost

Super, alles richtig gemacht! Jetzt wird es Zeit für die RABENPOST.
Schicke dem LESERABEN einfach eine Karte mit dem richtigen Lösungswort. Oder schreib eine E-Mail.
Wir verlosen jeden Monat 10 Buchpakete unter den Einsendern!

An den LESERABEN
RABENPOST
Postfach 20 07
88 190 Ravensburg
Deutschland

leserabe@ravensburger.de
Besuche mich doch mal auf meiner Website:
www.leserabe.de

1. Lesestufe für Leseanfänger ab der 1. Klasse

ISBN 3-473-36038-4

ISBN 3-473-36036-8

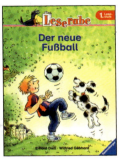
ISBN 3-473-36014-7

ISBN 3-473-36037-6

2. Lesestufe für Erstleser ab der 2. Klasse

ISBN 3-473-36043-0

ISBN 3-473-36041-4

ISBN 3-473-36039-2

ISBN 3-473-36021-X

3. Lesestufe für Leseprofis ab der 3. Klasse

ISBN 3-473-36054-6

ISBN 3-473-36051-1

ISBN 3-473-36024-4

ISBN 3-473-36052-X

Gute Idee.